George Gordon Byron

Hebrew Melodies of Lord Byron

George Gordon Byron

Hebrew Melodies of Lord Byron

ISBN/EAN: 9783337418878

Printed in Europe, USA, Canada, Australia, Japan

Cover: Foto ©Thomas Meinert / pixelio.de

More available books at **www.hansebooks.com**

שִׁירֵי יְשֻׁרוּן

עַל־פִּי

לוֹרְד בַּירוֹן

מאת

ד״ר שלמה מאנדעלקערן.

לייפציג ת׳ תר״ן.

HEBREW MELODIES

OF

LORD BYRON

TRANSLATED BY

DR. S. MANDELKERN.

LEIPZIG 1890.

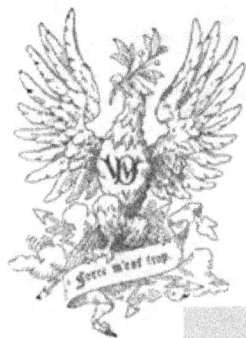

PRINTED BY W. DRUGULIN, LEIPZIG.

TO

LEON LEWISOHN ESQ.,

LONDON,

THE ARDENT LOVER OF THE HEBREW LANGUAGE,
THIS VERSION OF BYRON'S „HEBREW MELODIES"
IS DEDICATED

BY

SOLOMON MANDELKERN.
PH. & LL. D.

Ah, would some angel deign to shew me grace,
And lend my pen his own seraphic fire,
So that my verse be worthy deemed a place
Beside the Bard's who struck the Hebrew lyre !

Dr. Mandelkern.

נוֹצָה מֵאֶבְרָתוֹ בִּי־יִתֵּן וִיחָנֵּנִי
אַחַד שַׂרְפֵי־קֹדֶשׁ בַּעֲלֵי שֵׁשׁ כְּנָפַיִם
מָתַי יָבוֹא בִי הָרוּחַ וִיעוֹרְרֵנִי
לִכְתֹּב בְּסֵפֶר שִׁיר צִיּוֹן וִירוּשָׁלָיִם!

ד״ר מאנדעלקערן.

I.

SHE WALKS IN BEAUTY.

SHE walks in beauty, like the night
  Of cloudless climes and starry skies;
And all that's best of dark and bright
  Meet in her aspect and her eyes:
Thus mellow'd to that tender light
  Which heaven to gaudy day denies.

One shade the more, one ray the less,
  Had half impair'd the nameless grace,
Which waves in every raven tress,
  Or softly lightens o'er her face;
Where thoughts serenely sweet express,
  How pure, how dear their dwelling-place.

And on that cheek, and o'er that brow,
  So soft, so calm, yet eloquent,
The smiles that win, the tints that glow,
  But tell of days in goodness spent,
A mind at peace with all below,
  A heart whose love is innocent!

I.

שׁוּלַמִּית.

בִּיקַר תִּפְאַרְתָּהּ כְּלִילַת־יֹפִי מִתְהַלֶּכֶת
כְּלֵיל בָּהִיר בַּשְּׁחָקִים, כּוֹכְבֵי־אוֹר כִּי יִנְהָרוּ,
צִלְלֵי נֹעַם וּנְגֹהוֹת יַחְדָּו בַּמַּעֲרֶכֶת
עַל־הוֹד פָּנֶיהָ וְעֵינֶיהָ תְּאֹמִים חֻבָּרוּ;
מֵחֹם הַיּוֹם, עֵת הַשֶּׁמֶשׁ בְּעֹז הֹרֶכֶת,
נְעִמוֹת עֵדֶן כָּאֵלֶּה אַךְ־אָמְנָם נֶעְדָּרוּ.

בַּעֲדָהּ הַצֵּל אוֹ בִמְעַט הָאוֹר כִּמְלֹא־שַׂעַר
מֵחִין עֶרְכָּהּ הֲדָרָהּ הַחֵצִי יִגָּרַע, —
מִקְּוֻצּוֹתֶיהָ הַשְּׁחֹרוֹת כְּעוֹרֵב הַיַּעַר
וּמִזִּיו צַחְצָחוֹת עַל־פָּנֶיהָ יִזָּרַע;
נָוֶה לְרַעְיוֹנֵי טֹהַר מִצְחָהּ אַגַּן הַסַּהַר,
„מַה־נָּעִים שֶׁבֶת פֹּה!“ קוֹל דְּמָמָה יִשָּׁמַע.

וְעַל־רַקָּתָהּ, אַךְ עַל־לְחָיֶיהָ כְּגֶפֶן פֹּרַחַת
גַּם־בְּדוּמִיָּהּ וָשֶׁקֶט הֵי־בָאֵר יַבִּיעַ —
שְׂחוֹק לְקַח לֵב, יְפֵה כְּאֶקְדָּח זוֹרַחַת,
אוֹת כִּי כָל־יָמֶיהָ אַךְ טוֹב נַפְשָׁהּ הִשְׂבִּיעַ;
רוּחָהּ מִכֹּל בָּאָרֶץ יִרְוֶה שָׁלוֹם וָנַחַת
וּבְלִבָּהּ אַהֲבָה בָרָה — כְּזֹהַר הָרָקִיעַ!

II.

THE HARP THE MONARCH MINSTREL
SWEPT.

THE harp the monarch minstrel swept,
  The King of men, the loved of Heaven,
Which Music hallow'd while she wept
  O'er tones her heart of hearts had given,
  Redoubled be her tears, its chords are riven!
It soften'd men of iron mould,
  It gave them virtues not their own;
No ear so dull, no soul so cold,
  That felt not, fired not to the tone,
  Till David's lyre grew mightier than his throne!

It told the triumphs of our King,
  It wafted glory to our God;
It made our gladden'd valleys ring,
  The cedars bow, the mountains nod;
  Its sound aspired to Heaven and there abode!
Since then, though heard on earth no more,
  Devotion and her daughter Love,
Still bid the bursting spirit soar
  To sounds that seem as from above,
  In dreams that day's broad light can not remove.

II.

כִּנּוֹר דָּוִד.

כִּנּוֹר מֶלֶךְ אַדִּיר אֵל לִישֻׁרוּן הוֹכִיחַ,
אֱהוּב שַׁדַּי אֶצְבְּעוֹת כַּפָּיו מֵיתָרָיו דָּפָקוּ,
הוּא קֹדֶשׁ זִמְרַת הַנֶּבֶל לְשָׁפְךְ־בָּהּ שִׂיחַ
וּבְשָׁפְךְ־לֵב גַּם־דִּמְעוֹת עֵינַיִם יוּצָקוּ;
נֶהֱה־נָא מִשְׁנֵה נֶהִי! . . . מֵיתָרָיו נִתָּקוּ!

בְּעָיִם קוֹלוֹ הֵרַךְ גַּם־לֵב בַּרְזֶל וּנְחֹשֶׁת
עַל־עִקְּשִׁים וּנְלוֹזִים רוּחַ נְדִיבָה נִגְלָתָה.
אֵי אֹזֶן עֲרֵלָה אֵי נֶפֶשׁ לֹא־יָדְעָה בֹשֶׁת
הֶמְיַת נְגִינָתוֹ לֹא עֲלֵיהֶן הִפִּילָה אֵימָתָה?
עֲדֵי זִמְרַת כִּנּוֹר דָּוִד עַל־כִּסְאוֹ נַעֲלָתָה!

עֱזוּז הַמֶּלֶךְ הִבִּיעַ, תִּפְאֶרֶת הַדֶּגֶל
אַף רוֹמְמוֹת אֵל עֶלְיוֹן שֹׁכֵן יְרוּשָׁלָיִם,
הָעֲמָקִים עָטְפוּ גִיל, גְּבָעוֹת רָקְדוּ כָּעֵגֶל
וַאֲרָזִים יָצְאוּ לָחוּל בִּמְחֹלַת מַחֲנָיִם;
צִלְצְלֵי זִמְרָתוֹ עָלוּ רָם, יָנוּ בַּשָּׁמָיִם!

אַךְ כִּי מִפִּי־אָז קוֹלוֹ לֹא נִשְׁמַע בָּאָרֶץ,
אַךְ יַד־אַהֲבָה וּתְפִלָּה עַל־אִישׁ כִּי־תָנוּחַ
יִתְקְפֵהוּ הָרוּחַ, לָעוּף עַל יִפְרֹץ פָּרֶץ,
הִנֵּה מִפִּיו יֵצֵא כְּמוֹ מִמָּרוֹם שָׁלוּחַ,
יַהֲלֹם הֲלֹמוֹת, גַּם־אוֹר יוֹם לֹא יִזְרַח לָרוּחַ.

III.

IF THAT HIGH WORLD.

If that high world, which lies beyond
   Our own, surviving Love endears;
If there the cherish'd heart be fond,
   The eye the same, except in tears—
How welcome those untrodden spheres!
   How sweet this very hour to die!
To soar from earth and find all fears
   Lost in thy light—Eternity!

It must be so: 't is not for self
   That we so tremble on the brink;
And striving to o'erleap the gulf,
   Yet cling to Being's severing link.
Oh! in that future let us think
   To hold each heart the heart that shares,
With them the immortal waters drink,
   And soul in soul grow deathless theirs!

IV.

THE WILD GAZELLE.

The wild gazelle on Judah's hills
   Exulting yet may bound,
And drink from all the living rills
   That gush on holy ground;
Its airy step and glorious eye
May glance in tameless transport by:—

III.

אַרְצוֹת הַחַיִּים.

אִם־בָּעוֹלָם הַצָּפוּן מֵעֵבֶר לְיַרְכְּתֵי־קֶבֶר
הָאַהֲבָה בְּעֶצֶם תֻּמָּהּ עוֹדָהּ רַבַּת עֲלִילִיָּה.
אִם־לִבּוֹת מַחֲמַדָּיו וִידִידָיו שָׁם יִמְצָא גֶּבֶר
עֵינוֹ תֶּחֱזֶה עֵין רֵעוֹ, לֹא נוּגָה וּבוֹכִיָּה —
אֲזַי בָּרוּךְ בּוֹאֲךָ עוֹלָם חָדָשׁ, תֵּבֵל נָכְרִיָּה!
מַה־יִּנְעַם רֶגַע הַמָּוֶת הַשָּׂם קֵץ לָעֶצֶב!
אֵיךְ חִישׁ תַּעֲזֹב הַנֶּפֶשׁ מַחְשַׁכֵּי אֶרֶץ שְׁאִיָּה
לְהִתְעַנֵּג עַל־אוֹר הַנֵּצַח בְּלִי כָל־חֹק וָקֶצֶב!

אָמְנָם אַךְ כֵּן הוּא! לִבֵּנוּ נָכוֹן בָּטוּחַ!
הֵן לֹא בִגְלָלֵנוּ לְבַד נִפְחַד עַל־פִּי־פָחַת,
לַעֲבֹר אֶת־הַגְּבוּל מִדֵּי תִתְאַמֵּץ הָרוּחַ
עוֹד תִּתְרַפֵּק עַל־דּוֹדֶיהָ עֵת גֵּוָהּ זֹנַחַת;
אֶל־עוֹלָם הַבָּא הָבָה נִכְסְפָה עוֹד פֹּה מִתַּחַת:
עֲבֹתוֹת הָאַהֲבָה שָׁם כָּל־הַלְּבָבוֹת תְּאַחֵדְנָה,
הַנְּפָשׁוֹת תִּרְוֶינָה מִמַּעְיַן יְדִידוּת נֶצַחַת
תֵּלַכְנָה מֵחַיִל אֶל־חָיִל, לָעַד לֹא תִפָּרֵדְנָה!

IV.

עַל־אַדְמַת נֵכָר.

עוֹד אַיָּלוֹת שָׂדַי קַלּוֹת וּשְׁלֻחוֹת רַגְלַיִם
מְקַפְּצוֹת עַל־הָרֵי יִשְׂרָאֵל הָלוֹג וּפָסוֹחַ,
וּצְמֵאָן תְּשַׁבֵּרְנָה עַל־פַּלְגֵי יִבְלֵי־מַיִם
מִמָּקוֹם קָדוֹשׁ יִקָּרוּ לְאַט כְּמֵי הַשִּׁלֹחַ;
בְּהַשְׁקֵט וּבְבִטְחָה שָׁם כַּבָּרָק תְּרַצֵּנָה
וְכָבוּת עֵינֵיהֶן כִּבְנֵי־רֶשֶׁף תְּנוֹצֵצְנָה.

A step as fleet, an eye more bright,
　　Hath Judah witness'd there;
And o'er her scenes of lost delight
　　Inhabitants more fair.
The cedars wave on Lebanon,
But Judah's statelier maids are gone!

More blest each palm that shades those plains
　　Than Israel's scatter'd race;
For, taking root, it there remains
　　In solitary grace:
It cannot quit its place of birth,
It will not live in other earth.

But we must wander witheringly,
　　In other lands to die;
And where our fathers' ashes be,
　　Our own may never lie:
Our temple hath not left a stone,
And Mockery sits on Salem's throne.

V.

OH! WEEP FOR THOSE.

OH! weep for those that wept by Babel's stream,
　　Whose shrines are desolate, whose land a dream;
Weep for the harp of Judah's broken shell;
Mourn—where their God hath dwelt the Godless dwell!

And where shall Israel lave her bleeding feet?
And when shall Sion's songs again seem sweet?
And Judah's melody once more rejoice
The hearts that leap'd before its heavenly voice?

אך בת־ציון בצבי עדיה עלתה על־כלנה,
עיניה מה־נהרו ופעמיה מה־יפו!
על־כל־יצרי גוה תפארת אין־קץ שכנה —
טרם על־הרי נשף רגליה התנגפו;
עוד ישגו ארזי הלבנון ותמרים יפרחו
אך עלמות יפהפיות מארץ יהודה נשחו!

תמר מצל שמה מאשר הוא גם־צולח
משבט יהודה המשלך אל־ארץ אחרת,
התמר יך שרש, כפות יונקותיו שולח
בדד שאנן יעמד, יתנוסס בגאון אדרת;
מכרתיו ומלדתיו לא יוכל לזנוח —
ועל־אדמת נכר לא יצלח וימאן לפרוח!

ואנחנו גלים נפצים לכל־פאה ועבר
ובארצות לא־לנו נפשנו נפחה,
עם־עצמות אבותינו לא עוד נחד בקבר
וחלקת קברתם מפי־רגל אנוש נשכחה;
מקדש־אל שמם, גדר אבניו נהרסה
ועל־כס שלם ישבו למו הראון וקלסה!

V.

בכו בכו להלך.

לבכים על־נהרות בבל עוררו תאניה
כבודם גז חיש כחלום, ארצם שמה ונשיה,
על־כפור ציון כי נשבר דמע אל־תחשכי
הה! במשכנות אביר יעקב מרגיזי־אל ידרכו!

מתי ירחץ ישראל רגליו מדם ירפש?
שירי ציון הנעימים מתי ירנינו כל־נפש?
נגינות בני יהודה האם כקדם תצלינה
ולבב כל־שמעיהן עוד כמלפנים תשיבנה?

Tribes of the wandering foot and weary breast
How shall ye flee away and be at rest!
The wild-dove hath her nest, the fox his cave,
Mankind their country—Israel but the grave!

VI.

ON JORDAN'S BANKS.

ⒺN Jordan's banks the Arab's camels stray,
 On Sion's hill the False One's votaries pray,
The Baal-adorer bows on Sinai's steep—
Yet there—even there—Oh God! thy thunders sleep:

There—where thy finger scorch'd the tablet stone!
There—where thy shadow to thy people shone!
Thy glory shrouded in its garb of fire:
Thyself—none living see and not expire!

Oh! in the lightning let thy glance appear;
Sweep from his shiver'd hand the oppressor's spear:
How long by tyrants shall thy land be trod!
How long thy temple worshipless, Oh God!

VII.

JEPHTHA'S DAUGHTER.

ⓈINCE our Country, our God—Oh, my Sire!
 Demand that thy Daughter expire;
Since thy triumph was bought by thy vow—
Strike the bosom that's bared for thee now!

And the voice of my mourning is o'er,
And the mountains behold me no more:
If the hand that I love lay me low,
There cannot be pain in the blow!

שִׁבְטֵי־יָהּ נֹדְדִים בַּגּוֹיִם, עֲיֵפִים וִיגֵעֵי־כֹחַ
מָתַי יִשְׁלְמוּ יְמֵי נוּדְכֶם אֲשֶׁר־תִּמְצְאוּ מָנוֹחַ?
גַּם־יוֹנָה מָצְאָה קֵן לָהּ, שׁוּעָל מְחִלּוֹת הָרִים
כָּל־אִישׁ אֶרֶץ מוֹלַדְתּוֹ — וִיהוּדָה אַךְ קְבָרִים!

VI.

עוּרָה אֱלֹהִים!

עַל־גְּדוֹת הַיַּרְדֵּן גְּמַלֵּי הָעַרְבִים יִרְבָּצוּ,
עַל־גִּבְעַת צִיּוֹן מְנַבְּלֵי צוּר לְשׁוֹנָם יֶחֶרָצוּ
וְעַל־סִינַי הַר־אֱלֹהִים יִקְדוּ עֹבְדֵי הַבַּעַל, —
עַד־אָן אֵיפֹא יָדֹם רַעַמְךָ, אֵל מִמָּעַל?!

שָׁם אֶצְבָּעֲךָ עַל־לוּחוֹת חָקְקִי־עַד תּוֹרָתְךָ
וַעֲדָתְךָ זוּ קָנִיתָ צֵל הוֹדְךָ רָאָתָה,
שָׁם לַהֲבוֹת אֵשׁ פְּלָדוֹת אֶת־פָּנֶיךָ הֶלִיטוּ
פֶּן־יָמוּת עַם קָדְשְׁךָ אִם־בְּמוֹ יַבִּיטוּ.

קְרַע שָׁמֶיךָ! בְּקֹלוֹת וּבְרָקִים שֵׁנִית הוֹפִיעַ,
הַפִּילָה חֶרֶב מִיַּד־צָר, קָמִים הַכְרִיעַ!
עַד־אָן עָרִיצֵי אֶרֶץ יִרְמְסוּ מִקְדָּשֶׁיךָ אֵלֶּה?
עַד־אָן יַשֵּׁם הֵיכָלְךָ, אֵל עֹשֵׂה־פֶלֶא?!

VII.

בַּת־יִפְתָּח לִפְנֵי מוֹתָהּ.

אִם־עַמִּי וֵאלֹהַי, גַּם־אָבִי יֹלַדְתִּי אָתָּה
אֶת־מוֹתִי בִּדְמִי יְמֵי כָּלְכֶם תַּחְפְּצוּ עַתָּה,
אִם־עֵקֶב נִדְרְךָ אֶת־בְּנֵי עַמּוֹן הֶחֱרַם הִכִּיתָה —
הָבָה מוֹתְתֵנִי כַּאֲשֶׁר פִּיךָ פָּצִיתָה!

לֹא אָרִיד בְּשִׂיחִי וּדְמָעוֹת לֹא אַרְעִיפָה,
לִבְכּוֹת עַל־הֶהָרִים לֹא עוֹד לֶכֶת אוֹסִיפָה;
אִם אַךְ יָדְךָ תְּהִי בִּי, יָד זוּ נַפְשִׁי חֹבֶבֶת
כָּל־מַכְאוֹב לֹא יָחוּשׁ לִבִּי, סָר מַר הַמָּוֶת!

And of this, oh, my Father! be sure—
That the blood of thy child is as pure
As the blessing I beg ere it flow,
And the last thought that soothes me below.

Though the virgins of Salem lament,
Be the judge and the hero unbent!
I have won the great battle for thee,
And my Father and Country are free!

When this blood of thy giving hath gush'd,
When the voice that thou lovest is hush'd,
Let my memory still be thy pride,
And forget not I smiled as I died!

VIII.

OH! SNATCH'D AWAY IN BEAUTY'S BLOOM.

OH! snatch'd away in beauty's bloom,
   On thee shall press no ponderous tomb;
  But on thy turf shall roses rear
  Their leaves, the earliest of the year;
And the wild cypress wave in tender gloom:

And oft by yon blue gushing stream
  Shall Sorrow lean her drooping head,
And feed deep thought with many a dream,
  And lingering pause and lightly tread;
  Fond wretch! as if her step disturb'd the dead!

וִיהִי־נָא אָבִי סָמוּךְ בָּטוּחַ לִבֵּךְ
כִּי גַם־עַתָּה זַכִּים וּנְקִיִּם דְּמֵי בִתֵּךְ,
כִּבְרָכָה לִי אֶשְׁאַל, טֶרֶם דָּמַי יָרִיקוּ,
כְּבֹר הֶגְיוֹנַי הָאַחֲרוֹנִים, רְגָעַי יַמְתִּיקוּ.

מִבְּכִי רֵעוֹתַי וּמִנַּהֲמַת בְּנוֹת אֶפְרָיִם
לֵב גִּבּוֹר שׁוֹפֵט צֶדֶק אַל־יִמַּס כַּמָּיִם!
פָּנַי הָלְכוּ בַקְּרָב, מִיָּדַי לָךְ הַנֵּצַח —
מֵעַל־עַמִּי הֲסִירֹתָ עֹל חָמָס וָרֶצַח!

עֵת יִזְּלוּ דָמַי לֵאלֹהַיִךְ אָז הִתְנַדַּבְתְּ
עֵת יִדֹּם קוֹלִי זֶה תָּמִיד אֹהַב אָהַבְתְּ —
עוֹד זִכְרִי יְהִי לָךְ לְגָאוֹן, אֲנִי נִדְרֵךְ שִׁלַּמְתִּי,
בְּגִילַת וְרַנֵּן, אַל־תִּשְׁכַּח, פְּנֵי־מָוֶת קִדַּמְתִּי!

VIII.

עַל־יַד הַקָּבֶר.

הָהּ! בְּאִבּוֹ נִקְטַף הַפֶּרַח, בְּעוֹד רַעֲנָן עָלֵהוּ
נֵטֶל גַּל הֶעָפָר אַל־יַכְבִּיד סִבְלוֹ עָלֵיהוּ;
עַל־מַצַּע קִבְרוֹ רַק שׁוֹשַׁנֵּי חֶמֶד תִּפְרַחְנָה
וּבְמִקְלְעוֹת נִצָּנִים כִּימֵי אָבִיב תִּצְמַחְנָה,
בְּרוֹשׁ רַעֲנָן עִם־דָּלִיּוֹתָיו לוֹ יִתֵּן צִלֵּהוּ.

וּלְעִתִּים מְזֻמָּנִים שָׁם עַל־יַד יוּבַל הַמָּיִם
תִּכֹּף כְּאַגְמוֹן רֹאשָׁהּ, תִּתַּצֵּב עֲצֶבֶת,
תֶּהְגֶּה בְּהַלְּךְ־נֶפֶשׁ, חֲלֹמוֹת תַּחֲלֹם בְּצָהֳרָיִם,
חֶרֶשׁ תִּצְעַד אֶרֶץ, בְּלָט אֶל־קֶבֶר קָרֶבֶת . . .
הוֹזָה! הֲכִי קוֹל צְעָדַיִךְ יָעִיר יְשֵׁנֵי הַמָּוֶת?!

Away! we know that tears are vain,
   That death nor heeds nor hears distress:
Will this unteach us to complain?
   Or make one mourner weep the less?
And thou—who tell'st me to forget,
Thy looks are wan, thine eyes are wet.

IX.

MY SOUL IS DARK.

My soul is dark—Oh! quickly string
   The harp I yet can brook to hear;
And let thy gentle fingers fling
   Its melting murmurs o'er mine ear.
If in this heart a hope be dear,
   That sound shall charm it forth again:
If in these eyes there lurk a tear,
   'T will flow, and cease to burn my brain.

But bid the strain be wild and deep,
   Nor let thy notes of joy be first:
I tell thee, minstrel, I must weep,
   Or else this heavy heart will burst;
For it hath been by sorrow nursed,
   And ached in sleepless silence long;
And now 't is doom'd to know the worst,
   And break at once—or yield to song.

סְבִי לָךְ! אָמְנָם יָדַעְנוּ כִּי הֱמִיתַתְנוּ הֶבֶל
כִּי לֹא יַאֲזִין מָוֶת אֶל־זַעֲקַת שֶׁבֶר וָבֶכִי,
אַךְ הַלְבַעֲבוּר זֹאת נֶחְדַּל עוֹרֵר קִינָה וָאֵבֶל?
הַעַל־כֵּן יָנוּס יָגוֹן, תִּמַּח דִּמְעָה מִלֶּחִי?
וָאַתְּ, עֵת לְשַׁכֵּחַ תּוֹרִינוּ בְּשֵׂכֶל מִלַּיִךְ
פָּנַיִךְ מֶה־חָוְרוּ, מִדְּמָעוֹת רָטְבוּ עֵינַיִךְ!

IX.

שָׁאוּל אֶל־הַמְנַגֵּן.

רוּחִי יָשׁוּף חֹשֶׁךְ — מַהֵר כּוֹנֵן נִבְלֶךָ!
רַק אֶל־קוֹלוֹ אַקְשִׁיבָה, אָזִין כִּי יָרִיעַ,
מֵיתָרָיו חִישׁ קַל הָנִיעַ בְּאֶצְבְּעוֹתֶיךָ
וְהֶמְיַת הֲמוֹן גַּלֵּיהֶם אֶל־אָזְנַי הַשְׁמִיעַ!
אִם אֶל־לִבִּי זֶה עוֹד זִיק תִּקְוָה יוֹפִיעַ
אֲזַי קֶסֶם זִמְרָתוֹ יְשׁוֹבֵב נֶפֶשׁ הָאֹבֶת,
בִּמְקוֹר עֵינַי הַדִּמְעָה אַחַת אִם־עוֹד תַּשְׁקִיעַ
תִּזַּל חוּצָה — וּבְרֹאשִׁי אַל־תִּצְרֹב צָרֶבֶת.

אֶפֶס קוֹל סַאַן בְּיֵלֵל רִאשֹׁנָה הַשְׁמִיעֵנִי
וּבְצָהֳלַת קוֹל שָׂשׂוֹן אַל־נָא תָּרִיעַ רֵעַ;
אַחַת אֲבַקֵּשׁ מְנַגֵּן: בִּבְכִי תִּדְלַק עֵינַי,
עַיִן אִם לֹא תֵבְךְּ — לִבִּי כְּנֹאד יִבָּקֵעַ!
אִם זֶה־כְּבָר יִרְוֶה מְרֹרוֹת, לַעֲנָה שָׂבֵעַ
מִמַּכְאֹבָיו כִּי־עָצְמוּ לֹא יָדַע מְנוֹחַ —
הֵן עַתָּה יָחוּשׁ כָּל־רָע וּכְמוֹ גֹּוֵעַ,
פֶּתַע יִשָּׁבֵר, אוֹ בְזִמְרָה יַחֲלִיף כֹּחַ!

X.

I SAW THEE WEEP.

I SAW thee weep—the big bright tear
  Came o'er that eye of blue;
And then methought it did appear
  A violet dropping dew:
I saw thee smile—the sapphire's blaze
  Beside thee ceased to shine;
It could not match the living rays
  That fill'd that glance of thine.

As clouds from yonder sun receive
  A deep and mellow dye,
Which scarce the shade of coming eve
  Can banish from the sky,
Those smiles unto the moodiest mind
  Their own pure joy impart;
Their sunshine leaves a glow behind
  That lightens o'er the heart.

XI.

THY DAYS ARE DONE.

THY days are done, thy fame begun;
  Thy country's strains record
The triumphs of her chosen Son,
  The slaughters of his sword!
The deeds he did, the fields he won,
  The freedom he restored!

Though thou art fall'n, while we are free
  Thou shalt not taste of death!
The generous blood that flow'd from thee
  Disdain'd to sink beneath:
Within our veins its currents be,
  Thy spirit on our breath!

X.

בְּכִי וּשְׂחוֹק.

בּוֹכִיָּה מִתְאַבֶּלֶת אוֹתָךְ חָזִיתִי
וּרְסִיסֵי דִמְעָה עַל־עֵינַיִךְ תְּכֵלֶת,
אֶגְלֵי טַל אוֹרֹת אָז לִרְאוֹת דִּמִּיתִי
עַל־דּוּדָאֵי הַשָּׂדֶה וַחֲבַצֶּלֶת;
חֲזִיתִיךְ צֹהֶלֶת, שְׂמֵחָה גַּב־שׂוֹחֶקֶת
וּשְׁתֵּי עֵינַיִךְ יַחַד אוֹרוּ נָהָרוּ —
מִבְּרַק קַרְנֵיהֶן אַסְפָּה נָגְהָהּ בָּרֶקֶת
וּפְנֵי הַסַּפִּיר בּוֹשׁוּ גַּם־חָפֵרוּ.

כַּשֶּׁמֶשׁ בְּעַד־עָבִים עֵת תְּשַׁלַּח קַרְנַיִם
תָּפִיץ אוֹר נֹעַם בִּיקַר שְׁלַל־צֶבַע
גַּם כִּי־תָבוֹא, יִפָּטוּ צִלְלֵי עֲרָבַיִם,
נִכְחָהּ יוּפָזוּ כָּל־רֹאשׁ הַר וָגֶבַע,
כֵּן מִשְּׂחוֹק שְׂפָתַיִךְ יוּצַק שֹׂבַע שְׂמָחוֹת
אֶל־חַדְרֵי נֶפֶשׁ זֹעֲפָה וְנֶעְכָּרָה,
אַחֲרָיו עוֹד יָאִיר נְתִיב נֹגַהּ צַחְצָחוֹת
וּבְמַשְׂכִּיּוֹת לֵבָב יוֹפַע כְּמוֹ־נְהָרָה!

XI.

מוֹת גִּבּוֹרִים.

כְּבוֹד תִּפְאַרְתְּךָ הֵחֵל בְּיוֹם ׀ יְמֵי חַיֶּיךָ כָּלוּ!
אָז בַּכִּנּוֹר יָשִׁירוּ אַחֶיךָ
עֱזוּז פָּעָלְךָ, בָּחִיר מֵעָם, וּבְךָ יִתְהַלָּלוּ;
מָה־רַבּוּ עָצְמוּ חַלְלֵי חַרְבֶּךָ!
בְּקֶרֶב עָשִׂיתָ פֶּלֶא, צָרִים כָּשְׁלוּ וְנָפָלוּ
חָפְשָׁה וּדְרוֹר קָרָאתָ לְעַמֶּךָ!

עַל־שְׂדֵה קֶטֶל אִם־מַתָּ — הֲלֹא הִצַּלְתָּ חַיֵּינוּ,
נֵצַח לֹא יִקְרְךָ מָוֶת יִקָּרֵץ!
דָּמֶיךָ הַשְּׁפוּכִים עֵת נִלְחַמְתָּ בְּעָדֵינוּ
לֹא יֹאבְדוּ כַּמַּיִם מֻגָּרִים אָרֶץ:
עַד שְׁנוֹת הֹר־וָדֹר עוֹד יִזְּלוּ יִשְׁטְפוּ בְּעוֹרְקֵינוּ
וּבְרוּחַ אַפֶּיךָ נִפְרֹץ־פָּרֶץ!

Thy name, our charging hosts along,
    Shall be the battle-word!
Thy fall, the theme of choral song
    From virgin voices pour'd!
To weep would do thy glory wrong;
    Thou shalt not be deplored.

XII.

SONG OF SAUL BEFORE HIS LAST BATTLE.

WARRIORS and chiefs! should the shaft or the sword
    Pierce me in leading the host of the Lord,
Heed not the corse, though a king's, in your path:
Bury your steel in the bosoms of Gath!

Thou who art bearing my buckler and bow,
Should the soldiers of Saul look away from the foe,
Stretch me that moment in blood at thy feet!
Mine be the doom which they dared not to meet.

Farewell to others, but never we part,
Heir to my royalty, son of my heart!
Bright is the diadem, boundless the sway,
Or kingly the death, which awaits us to-day!

בִּקְהַל הַצָּבָא יִנָּשֵׂא שִׁמְךָ כְּצִיץ עַל־מֶצַח
אוֹת־לָחֶם יְהִי כַּנֵּס בְּרֹאשׁ הָרִים,
וְעַל־מוֹתְךָ תְּשׁוֹרֵרְנָה שִׁירֵי תִפְאֶרֶת וָנֵצַח
לַהֲקוֹת עֲלָמוֹת בְּפִתְחֵי שְׁעָרִים!
בְּכִי וּמִסְפֵּד לִכְבוֹד שִׁמְךָ — חֵטְא מָוֶת וָרֶצַח,
קוֹל נְהִי וּבְכִי עָלֶיךָ לֹא נָרִים!

XII.

שִׁיר שָׁאוּל לִפְנֵי מִלְחַמְתּוֹ הָאַחֲרוֹנָה.

פְּקִידֵי חֵילִי! בִּצְבָא צְבָאוֹת־אֵל עַל־גַּת וּפְלֶשֶׁת
אִם־תַּשִּׂיגֵנִי חֶרֶב־צָר אוֹ חֵץ מִקֶּשֶׁת —
אֶל־גּוּפָתִי בַּל־תָּשִׂימוּ לֵב, אַךְ חִישׁ מַהֵרוּ
וּבְלֵב עֲרֵלִים בַּרְזֶל חֲנִית וְכִידוֹן עָמוֹק קַבֵּרוּ!

נַעֲרִי נֹשֵׂא כֵלָי! זְכָר־נָא, אַל־תִּשְׁכַּח שָׁכוֹחַ!
אִם־תִּרְאֶה אַנְשֵׁי נִבְהָלִים, נֶחְפָּזִים לִבְרוֹחַ,
הָרֵק חֲנִית הַקְרֵנִי, וּלְרַגְלֶיךָ דָּמִי יִתָּכוּ . . .
מְנָת חֶלְקִי יְהִי מָוֶת, מִפָּנָיו הֵמָּה יִבְרָחוּ.

בְּנִי יוֹרֵשׁ עֶצֶר! יְהִי אֲשֶׁר יְהִי עִם־כָּל־עֲדָתִי —
אֶפֶס מִמְּךָ לֹא אֶפָּרֵד, מְשׂוֹשׂ רוּחִי וְחַיָּתִי;
אִם יָצִיץ הַנֵּזֶר וּלְמַרְבֵּה מִשְׂרָה נִצְלָחָה
אוֹ מוֹת מְלָכִים נָכוֹן לָנוּ — יוֹם זֶה יוֹכִיחַ!

XIII.

SAUL.

THOU whose spell can raise the dead,
　　Bid the prophet's form appear.
"Samuel, raise thy buried head!
　　King, behold the phantom seer!"
Earth yawn'd; he stood the centre of a cloud:
Light changed its hue, retiring from his shroud.
Death stood all glassy in his fixed eye;
His hand was wither'd, and his veins were dry;
His foot, in bony whiteness, glitter'd there,
Shrunken and sinewless, and ghastly bare;
From lips that moved not and unbreathing frame,
Like cavern'd winds, the hollow accents came.
Saul saw,—and fell to earth, as falls the oak,
At once, and blasted by the thunder-stroke.

"Why is my sleep disquieted?
Who is he that calls the dead?
Is it thou, O King? Behold,
Bloodless are these limbs, and cold:
Such are mine; and such shall be
Thine to-morrow, when with me:
Ere the coming day is done,
Such shalt thou be, such thy son.
Fare thee well, but for a day,
Then we mix our mouldering clay.
Thou, thy race, lie pale and low,
Pierced by shafts of many a bow;
And the falchion by thy side
To thy heart thy hand shall guide:
Crownless, breathless, headless fall,
Son and sire, the house of Saul!"

XIII.

שָׁאוּל בְּהַעֲלוֹתוֹ אֶת־שְׁמוּאֵל.

אִשָּׁה! מִלַּחֲשֵׁךְ יָקִיצוּ יְשֵׁנֵי אֲדָמָה
קָסֳמִי־נָא בָאוֹב, הַעֲלִי־לִי אֶת־הַנָּבִיא!
„עֲלֵה עֲלֵה שְׁמוּאֵל, שָׂא רֹאשְׁךָ מִגֵּי שְׁמָמָה!
שׁוּר, הִנֵּה הָרֹאֶה, הָהּ מַלְכִּי, אָבִי!“
פִּיהָ פָּצְתָה אֲדָמָה, הִנֵּה־זֶה עוֹמֵד בְּעָב עֲנָנָה
יוּעַם אוֹר הַיּוֹם, מִבְּרַק מְעִילוֹ נְהָרָה נִצְפָּנָה,
מֵעֵינָיו הַנִּקְפָּאוֹת נִשְׁקְפוּ מָוֶת וָהֶרֶס
זְרֹעֵי יָדָיו רִקָּבוֹן, עֹרְקָיו יָבְשׁוּ כֶּחָרֶס,
כַּפּוֹת רַגְלָיו עֲצָמוֹת צְנֻמוֹת, נָעוּ נָדוּ יַחַד
מִבְּלִי־עוֹר מִבְּלִי־גִידִים, מְזָרוֹת זְוָעָה וָפַחַד,
עַל־שְׂפָתָיו לֹא־נָעוֹת נִשְׁמַת חַיִּים לֹא תִּוָּדֵעַ
כַּהֲמוֹת רוּחַ מִמְּחִלּוֹת עָפָר קוֹל בְּרֹגֶז יִשָּׁמֵעַ,
שָׁאוּל רָאָה וַיִּפֹּל — כְּאַלּוֹן בְּיוֹם סָעָה וָזָעַם
יִנָּתֵשׁ בְּחֵמָה לָאָרֶץ מִתְגָּרַת בָּרָק וָרַעַם:

„לָמָּה־זֶּה אֱנוֹשׁ מִשְּׁנָתִי יַרְגִּיזֵנִי?
מִי־זֶה עוֹרֵר רְפָאִים שָׁם יִקְרָאֵנִי?
הַאַתָּה, מֶלֶךְ, בָּזֶה עֵין־דֹּאר?
רְאֵה! עֲצָמַי עָשֵׁשׁוּ, קָרִים כַּכְּפוֹר,
הִנֵּה כִּי־כֵן צֶלֶם תַּבְנִיתִי עָתָּה —
אַךְ מָחָר עִמִּי, תִּשְׁוֶה־לִּי גַם־אָתָּה;
הֵן יוֹם יָבוֹא עוֹד טֶרֶם יָפוּחַ
תִּדְמֶה־לִּי אַתָּה גַּם־בִּנְךָ, מָשׁוּחַ!
לֶךְ־לְךָ! רִגְעֵי מְהֵרָת עַד לֹא כָלוּ
עַפְרוֹת גְּוִיֹּתֵינוּ יִתְבּוֹלָלוּ . . .
אַתָּה וְזַרְעֲךָ תִּפְּלוּ כְּנֵפֶל אֵשֶׁת
כְּבֵדְכֶם יְפַלְּחוּ חִצֵּי רוֹמֵי־קֶשֶׁת;
זֹה חַרְבְּךָ מְצֻמֶּדֶת עַל־מָתְנֶיךָ
יָדְךָ תְּבִיאֶנָּה אֶל־קֶרֶב לִבֶּךָ,
גַּם־נֵזֶר גַּם־חַיִּים יַחַד יֹאבֵדוּ,
שָׁאוּל וּבֵיתוֹ מֵאֶרֶץ יִכָּחֵדוּ!“

XIV.

"ALL IS VANITY, SAITH THE PREACHER."

FAME, wisdom, love, and power were mine,
   And health and youth possess'd me;
My goblets blush'd from every vine
   And lovely forms caress'd me;
I sunn'd my heart in beauty's eyes,
   And felt my soul grow tender;
All earth can give, or mortal prize,
   Was mine of regal splendour.

I strive to number o'er what days
   Remembrance can discover,
Which all that life or earth displays
   Would lure me to live over.
There rose no day, there roll'd no hour
   Of pleasure unembitter'd;
And not a trapping deck'd my power
   That gall'd not while it glitter'd.

The serpent of the field, by art
   And spells, is won from harming;
But that which coils around the heart,
   Oh! who hath power of charming?
It will not list to wisdom's lore,
   Nor music's voice can lure it;
But there it stings for evermore
   The soul that must endure it.

XV.

WHEN COLDNESS WRAPS THIS
SUFFERING CLAY.

WHEN coldness wraps this suffering clay,
   Ah! whither strays the immortal mind?
It cannot die, it cannot stay,
   But leaves its darken'd dust behind.

XIV.

הַכֹּל הֶבֶל אָמַר הַקּוֹהֶלֶת.

לִי נִתַּן שֵׁם טוֹב, חָכְמָה, אַהֲבָה וּמֶמְשֶׁלֶת
גֵּוִי בָּרִיא אוּלָם, אֵיתָן כְּמוֹ בִימֵי נֹעַר,
כּוֹסִי מְלֵאָה יַיִן, בְּשֶׁמֶן רַגְלִי טֹבֶלֶת
וָאֶתְעַלֵּס עִם יַעֲלוֹת־חֵן, רַכּוֹת יְפוֹת תֹּאַר;
בִּיפִי חֶמְדַּת עֵינֵיהֶן אֶת־עֵינַי הִרְוֵיתִי
וְנַפְשִׁי שָׂבְעָה־לָּהּ עֹנֶג עִם־תַּאֲוַת בְּשָׂרִים,
גַּם בִּכְלֵי־חֵפֶץ וּסְגֻלּוֹת הֵיכָלִי מִלֵּאתִי
זוּלָתִי כְּמוֹהֶם לֹא רָאֲתָה עֵין מֶלֶךְ וְשָׂרִים.

אֶפֶס לַיָּמִים הָאֵל לִבִּי כִּי סַבּוֹתִי
וּכְפִי מִסַּת זִכְרוֹנִי פְּקַדְתִּים אֶחָד אֶחָד,
אֶל־תַּעֲנֻגוֹת חֶלְדִּי כֻּלָּהֶם עֵת בִּינוֹתִי
אָז בְּחַבְלֵי הַקֶּסֶם אָסְרוּ כָל־חוּשַׁי יַחַד, —
אַךְ זֶה חָזִיתִי, כִּי לֹא גָז יוֹם, לֹא חָלַף לַיִל
בָּם שָׂבַעְתִּי שָׂשׂוֹן בְּלִי־מָהוּל בְּעִצָּבוֹן רוּחַ,
לֹא נִמְצָא לְבוּשׁ מַלְכוּת, אַדֶּרֶת שִׁלְטוֹן וָחַיִל
בָּם לֹא יֶחֱרַד לִבִּי לִרְגָעִים, נַפְשִׁי תָנוּחַ.

גַּם־נָחָשׁ עָרוּם שָׁם זֹחֵל בֵּין סִבְכֵי חֹרֶשׁ
אֶל־קוֹל קֶסֶם יִשְׁמָע, יַקְשִׁיב לַחַשׁ וָשִׂיחַ,
אַךְ בְּקֶרֶב אִישׁ וְלֵב עָמֹק הָאָנָה כִּי תַךְ שֹׁרֶשׁ
מִי יוּכַל יַעֲצָר־בָּהּ וּשְׁאוֹנָהּ מִי יַשְׁבִּיחַ?
כְּפֶתֶן חֵרֵשׁ לִתְבוּנָה לֹא תִשְׁמַע הַתּוּגָה,
לֹא תַאֲזִין לְקוֹל חָלִיל, צִלְצֵל עֻגָּב וָנֵבֶל,
כְּסִלּוֹן מַמְאִיר וְקוֹץ מַכְאִב תִּמְחַץ בְּלִי־פוּגָה
וְנֶפֶשׁ אֱנוֹשׁ אָנוּשׁ כָּל־הַיּוֹם תִּשָּׂא הַסֵּבֶל!

XV.

חַיֵּי עוֹלָם.

בִּגְוֹעַ גֵּוִי הַנַּעֲנֶה, גּוּשׁ עָפָר סָרוּחַ
הָהּ, אָנָה תֵּלֵךְ הַנֶּפֶשׁ, זוֹ בַּת אַל־מָוֶת?
מוֹת לֹא תוּכַל, סוֹבֵב סוֹבֵב הוֹלֵךְ הָרוּחַ,
רַק חֲתֻלָּתָהּ בֵּית חֹמֶר תַּעֲזֹב בְּגֵיא צַלְמָוֶת;

Then, unembodied, doth it trace
  By steps each planet's heavenly way?
Or fill at once the realms of space,
  A thing of eyes, that all survey?

Eternal, boundless, undecay'd,
  A thought unseen, but seeing all,
All, all in earth, or skies display'd,
  Shall it survey, shall it recall:
Each fainter trace that memory holds
  So darkly of departed years,
In one broad glance the soul beholds,
  And all, that was, at once appears.

Before Creation peopled earth,
  Its eye shall roll through chaos back:
And where the furthest heaven had birth,
  The spirit trace its rising track.
And where the future mars or makes,
  Its glance dilate o'er all to be,
While sun is quench'd or system breaks,
  Fix'd in its own eternity.

Above or Love, Hope, Hate or Fear,
  It lives all passionless and pure:
An age shall fleet like earthly year;
  Its years as moments shall endure.
Away, away, without a wing,
  O'er all, through all, its thought shall fly;
A nameless and eternal thing,
  Forgetting what it was to die.

אִם בְּלִי־מַעֲטֶה וּלְבֹשׁ תְּפַלֵּס לָהּ נְתִיבוֹת רִיב
וְכִדְרוֹר לָעוּף מִכּוֹכָב אֶל־כּוֹכָב פּוֹרַחַת,
אוֹ תְמַלֵּא עַד־אַרְגִּיעָה מְלֹא רַחֲבֵי כָל־הַיְקוּם,
כִּכְלִילַת־עַיִן תָּצִיץ כֹּל — מִמַּעַל, מִתָּחַת?

חַיֵּי נֵצַח לָהּ, מֵאֵין גְּבוּל, מֵאֵין אֲפָסִים,
הִיא תַחֲז כֹּל — וְנֶעֱלָמָה מֵעֵין עָפָר וָאֵפֶר,
תָּשׁוּר כָּל־הַנַּעֲשֶׂה בָּאָרֶץ וּבַשָּׁמַיִם
וַעֲלִילוֹת כָּל־יְמֵי עוֹלָם לָהּ נִגְלוּ כַּסֵּפֶר;
כָּל־תּוֹלְדֹת יָמִים מִקֶּדֶם תַּחַת הַשֶּׁמֶשׁ
שֶׁכְּבָר נִמַּח זִכְרָן וּפְלֵיטָה לֹא נִשְׁאָרָה
עֵינֶיהָ תְצַפֶּינָה, אֵין כָּל־חֹשֶׁךְ וָאֹמֶשׁ,
כֻּלָּן תַּעֲמֹדְנָה כְמוֹ־חַי, אַחַת לֹא נֶעְדָּרָה.

אֶל־רֹאשׁ קַדְמֵי אֶרֶץ, טֶרֶם בָּנֶיהָ חוֹלֵלָה,
אֶל־רֶחֶם תֹּהוּ וָבֹהוּ חֹדְרוֹת עֵינֶיהָ,
אַף־לֶדֶת שָׁמַיִם חֲדָשִׁים טֶרֶם הֵחֵלָּה
מוֹצָאָם וּמוֹבָאָם לֹא־נִצְפְּנוּ מִפָּנֶיהָ;
כָּל־אֲשֶׁר יֵהָרֵס הֶעָתִיד אוֹ יִבָּנֶה וְיִכּוֹנֵן
תַּבִּיט בְּמֵעוּף־עַיִן, צְבָא חֲלִיפוֹת פֹּקֶדֶת,
בִּכְבוֹת שְׁמָשׁוֹת וּבֶחָרֵב עוֹלָמוֹת תִּתְבּוֹנֵן,
אַךְ הִיא חַיָּה קַיָּמָה, עַד עוֹלְמֵי־עַד עֹמֶדֶת.

נַעֲלָה עַל־אַהֲבָה, תִּקְוָה, אֵיבָה וָפַחַד
תִּחְיֶה חַיֵּי חָפְשָׁה, חַיִּים מֵחֻלְאַת חָלֶד.
כְּיוֹם אֶתְמוֹל כִּי יַעֲבֹר לָהּ שְׁנוֹת אֶלֶף יַחַד,
הַיָּמִים כִּרְגָעִים, כְּמוֹ־הֶגֶה כִּי יִוָּלֵד;
מְרוֹמִים אֵין קֵץ בְּלִי־כָנָף תֵּדֶא כְלֶהָבֶת,
עַל־כֹּל הִיא מְרַחֶפֶת וּבְקֶרֶב־כֹּל חֹדֶרֶת
רַעְיוֹן לֹא־יְכֻנֶּה בְשֵׁם, הֶגְיוֹן וּמַחֲשֶׁבֶת,
בִּלַּע הַמָּוֶת לָנֶצַח, גַּם־שְׁמוֹ לֹא זֹכֶרֶת!

XVI.

VISION OF BELSHAZZAR.

THE King was on his throne,
  The Satraps throng'd the hall;
A thousand bright lamps shone
  O'er that high festival.
A thousand cups of gold,
  In Judah deem'd divine—
Jehovah's vessels hold
  The godless Heathen's wine.

In that same hour and hall,
  The fingers of a hand
Came forth against the wall,
  And wrote as if on sand:
The fingers of a man;—
  A solitary hand
Along the letters ran,
  And traced them like a wand.

The monarch saw, and shook,
  And bade no more rejoice:
All bloodless wax'd his look,
  And tremulous his voice.
"Let the men of lore appear,
  The wisest of the earth,
And expound the words of fear,
  Which mar our royal mirth."

מַחֲזֵה בֵּלְשַׁאצַּר.

הַמֶּלֶךְ יוֹשֵׁב עַל־כֵּס תִּפְאָרָה
הַהֵיכָל מָלֵא פַּחוֹת וּסְגָנִים,
אַלְפֵי מְנֹרוֹת שָׁם יוֹפִיעוּ נְהָרָה
עַל־מִשְׁתֶּה גָּדוֹל מְאֹד, מִשְׁתֵּה שְׁמָנִים;
אַלְפֵי כֹסוֹת, גְּבִיעֵי זָהָב פְּרוּיִם
קָדְשֵׁי יְהוּדָה, מַחֲמַדֵּי בַת־עָיִן
הוּבְאוּ מֵהֵיכַל אֱלֹהֵי שָׁמָיִם
עֲרֵלִים מְנַאֲצֵי שַׁדַּי מָלְאוּ יָיִן.

עוֹדָם חֹגְגִים, תַּאֲוָתָם נִהְיָתָה
וְהִנֵּה פִּתְאֹם אֶצְבְּעוֹת יַד נֶעְלָמָה
מִמּוּל הַכֹּתֶל נִגְלֹה נִגְלָתָה
וּכְמוֹ עַל־פְּנֵי הַחוֹל חָרְתָה שָׁמָּה;
הָאֶצְבָּעוֹת נִדְמוּ אֶל־אֶצְבְּעוֹת אִישׁ,
פַּס־יָד כִּגְדוּעָה מִזְּרוֹעַ גֶּבֶר,
וּכְעֵט סוֹפֵר מָהִיר כָּתְבָה קַל חִישׁ
בְּדָבָר מַטֵּה קֹסֵם חוֹבֵר חָבֶר.

הַשַּׁלִּיט רָאָה, אֲחָזַתּוּ עַצֶּבֶת
כְּמֹץ הָרִים עָפוּ גִּילוֹ וּשְׂשׂוֹנוֹ,
עַל־עֵינָיו תָּלִין חֶשְׁכַת צַלְמָוֶת
קוֹלוֹ יִרְעַד — וַיְמַלֵּל בִּלְשׁוֹנוֹ:
„קִרְאוּ לִנְבוֹנִים, קֹסְמִים הוֹעִידוּ,
כָּל־חַרְטֻמִּים וַאֲשָׁפִים הָבִיאוּ,
פֵּשֶׁר כְּתָב נוֹרָא זֶה לִי יַגִּידוּ
רָז מֵלִיךְ שִׂמְחַת גִּילִי הִפְרִיעוּ!“

Chaldea's seers are good,
　But here they have no skill;
And the unknown letters stood
　Untold and awful still.
And Babel's men of age
　Are wise and deep in lore;
But now they were not sage,
　They saw—but knew no more.

A captive in the land,
　A stranger and a youth,
He heard the king's command,
　He saw that writing's truth.
The lamps around were bright,
　The prophecy in view;
He read it on that night,—
　The morrow proved it true.

"Belshazzar's grave is made,
　His kingdom pass'd away,
He, in the balance weigh'd,
　Is light and worthless clay.
The shroud, his robe of state,
　His canopy the stone;
The Mede is at his gate!
　The Persian on his throne!"

אַךְ כִּי־גָדְלָה חָכְמַת חֹזֵי־בָבֶל
אַךְ הַפַּעַם מִדַּעַת נִבְעָרוּ,
גַּלּוֹת סוֹד מִלִּין אֵל יָגְעוּ הֶבֶל —
חֲתֻמוֹת וּסְתֻמוֹת עֲדֶן נִשְׁאָרוּ;
בִּינַת זִקְנֵי כַשְׂדִּים מְאֹד עָמְקָה
עַל־כָּל־חַכְמֵי קֶדֶם בָּהּ יִתְגָּאוּ,
אֶפֶס עַתָּה הִסְתַּתְּרָה, חָמָקָה,
יֶחֱזוּ הֵיטֵב — וּמָה בַּל־יָדָעוּ!

אָכֵן מִבְּנֵי גָּלֵי אֶרֶץ יְהוּדָה
שָׁם נִמְצָא אִישׁ צָעִיר רַב־הִגָּיוֹן,
מִצְוַת־מֶלֶךְ שָׁמַר לְצֵר תְּעוּדָה
בָּא, רָאָה וַיָּבֶן קֹשֶׁט חִזָּיוֹן;
הַמְּנֹרוֹת נָגְהוּ בָעֹז וָחָיִל
עַל־כְּתָב הַנְּבִיאָה, עֲתִידֹת תּוֹדִיעַ,
הוּא הִגִּיד פִּתְרוֹן כַּחֲצוֹת הַלַּיִל —
הַשַּׁחַר עַל־אֲמִתּוֹ אוֹר הוֹפִיעַ!

מֵאֶתְמוֹל עָרוּךְ לְבֵלְשַׁאצַּר קֶבֶר
וּמֶמְשַׁלְתּוֹ עָשְׂתָה לָּהּ כְּנָפַיִם,
שָׁקוֹל שְׁקָלוּהוּ לֹא בְמֹאזְנֵי גֶבֶר —
כַּדַּק יִטּוֹל וּכְשַׁחַק מֹאזְנַיִם;
אֶל־תַּכְרִיךְ מֵת נֶהְפַּךְ לְבוּשׁוֹ תְכֵלֶת
לְמַצֶּבֶת אֶבֶן הֲדַר אַפִּרְיוֹנוֹ:
הַמָּדִי עָמַד כְּבָר עַל־הַדֶּלֶת,
הַפַּרְסִי יָרַשׁ כִּסְאוֹ וּגְאוֹנוֹ!

XVII.

SUN OF THE SLEEPLESS!

SUN of the sleepless! melancholy star!
  Whose tearful beam glows tremulously far,
That show'st the darkness thou canst not dispel,
How like art thou to joy remember'd well!
So gleams the past, the light of other days,
Which shines, but warms not with its powerless rays;
A night-beam Sorrow watcheth to behold,
Distinct, but distant—clear—but, oh how cold!

XVIII.

WERE MY BOSOM AS FALSE AS THOU DEEM'ST IT TO BE.

WERE my bosom as false as thou deem'st it to be,
  I need not have wander'd from far Galilee;
It was but abjuring my creed to efface
The curse which, thou say'st, is the crime of my race.

If the bad never triumph, then God is with thee!
If the slave only sin, thou art spotless and free!
If the Exile on earth is an Outcast on high,
Live on in thy faith, but in mine I will die.

I have lost for that faith more than thou canst bestow,
As the God who permits thee to prosper doth know;
In his hand is my heart and my hope—and in thine
The land and the life which for him I resign.

XVII.

לְנֹגַהּ הַיָּרֵחַ.

שֶׁמֶשׁ לִנְדוּדֵי שֵׁנָה, קְדַר הֹלֵךְ יָרֵחַ!
קַוֶּיךָ מְלֵאֵי דֶמַע, בְּרֶטֶט אוֹרְךָ זוֹרֵחַ,
תַּרְאֶה אֱשׁוּן חשֶׁךְ, אַךְ לַהֲפִיצוֹ קַרְנֶיךָ רָפוּ;
מַה־תִּדְמֶה אֶל־זִכְרוֹן יְמֵי טוֹבָה שֶׁכְּבָר חָלָפוּ:
כָּכָה יָאִיר הֶעָבָר בִּשְׁבִיב יָמִים קַדְמוֹנִים,
גַּם בְּנָגְהָם — חֹם לֹא יִתְּנוּ קַוָּיו אֵין־אוֹנִים;
לְאוֹרְךָ יֵלֵךְ אֱנוֹשׁ הַדָּאֲגָה כִּי־תִגְזֹל שְׁנָתוֹ,
יֶחֱזֶה אוֹר בָּהִיר וָצַח, אַךְ רָחוֹק וְקַר הִנֵּהוּ!

XVIII.

לֶאֱדוֹם.

לוּ כִדְבָרְךָ לֵב עָקֹב לִי, בַּשָּׁוְא דָבַקְתִּי
מֵאֶרֶץ חֶמְדָּה כַּיּוֹם נָדוֹד לֹא הִרְחַקְתִּי;
עֲזוֹב דָּתִי לוּ הוֹאַלְתִּי — רֶגַע תָּסִיר הַקְּלָלָה
עַל־דַּעְתְּךָ תִּרְבַּץ בְּעַמִּי, בְּנַחֲלָתִי הָאֻמְלָלָה.

אִם־זֵד לֹא יָעֹז מֵעוֹלָם, אוֹת כִּי אֵל יִרְצֶךָּ,
אִם רַק עֶבֶד יִפְשַׁע, אוֹת כִּי זַךְ וְיָשָׁר פָּעֳלֶךָ;
אִם בְּגָלוּתִי מֵאַרְצִי גַּם־מִשָּׁמָיו יָהּ גֵּרְשָׁנִי —
חָיֵה בְּדָתְךָ אַתָּה, אַךְ בְּדָתִי אָמוּתָה אָנִי!

רַב יֶתֶר תֻּמִּי בְּעַד־דָּתִי מֵאֲשֶׁר לִי תוּכַל תֵּת,
זֹאת יֵדַע אֵל עֶלְיוֹן חֶנְפְּךָ הַמּשֵׁל וּשְׂאֵת;
רוּחִי וְתִקְוָתִי רַק בְּיָדוֹ לְפָקִיד חַשְׁתִּי
וּבְיָדְךָ אַרְצִי וְחַיַּי — בִּנְדָבָה לוֹ הִקְדַּשְׁתִּי!

XIX.

HEROD'S LAMENT FOR MARIAMNE.

H, Mariamne! now for thee
    The heart for which thou bled'st is bleeding;
Revenge is lost in agony,
    And wild remorse to rage succeeding.
Oh, Mariamne! where art thou?
    Thou canst not hear my bitter pleading:
Ah! couldst thou—thou wouldst pardon now,
    Though Heaven were to my prayer unheeding.

And is she dead? — and did they dare
    Obey my frenzy's jealous raving?
My wrath but doom'd my own despair.
    The sword that smote hers o'er me waving.—
But thou art cold, my murder'd love!
    And this dark heart is vainly craving
For her who soars alone above,
    And leaves my soul unworthy saving.

She's gone, who shared my diadem;
    She sunk, with her my joys entombing;
I swept that flower from Judah's stem,
    Whose leaves for me alone were blooming;
And mine's the guilt, and mine the hell,
    This bosom's desolation dooming;
And I have earn'd those tortures well,
    Which unconsumed are still consuming!

XIX.

קִינַת הוֹרְדוֹס עַל־מִרְיָם.

הָהּ מִרְיָם, מִרְיָם, מַה־מַּר גּוֹרָלִי עַתָּה!
בְּעַד־דָּמֵךְ הַנָּקִי יִשָּׁפֵךְ דְּמִי כַּמַּיִם,
נֶפֶשׁ לָקְחָה נָקָם — נְמוֹגָה וְחָתָּה,
נַחַם נוֹרָא מֵרֶגַע לְרֶגַע יִגְדַּל כִּפְלָיִם . . .
הָהּ מִרְיָם, אַיֵּךְ? אֵיפֹה תִּתְגּוֹרָרִי?
לֹא תִשְׁמְעִי מְרִי שִׂיחִי עִם־דִּמְעוֹת עֵינַיִם,
לוּ הַקְשֵׁב יָכֹלְתְּ — הֲלֹא לַעֲוֺנִי תְּכַפֵּרִי
אַךְ־כִּי בְּעַד־קוֹל זַעֲקָתִי סֻגְּרוּ שָׁמָיִם.

הֲכִי אָמְנָה מֵתָה הִיא? הַאִם עָשׂה הֶעִיזוּ
אֲשֶׁר־דִּבֶּר־פִּי בְּשִׁגְעֹנִי, בְּאֵשׁ קִנְאָתִי?
פַּחֲזוּתִי וְכַעְשִׂי בְּעָכְרִי, רוּחִי הִרְגִּיזוּ,
עָלַי תִּתְעוֹפֵף חֶרֶב אָכְלָה רַעְיָתִי . . .
אָכֵן קָרָה גוּפָתֵךְ . . . הִנָּךְ נִגֶּפֶת!
רַק לַשָּׁוְא יִכְמַהּ בְּשָׂרִי וַתְּכַל לִבָּתִי
אֶל־נֶפֶשׁ זַכָּה בָּדָד מָרוֹם מְרַחֶפֶת, —
עֻלְּפָה נַפְשִׁי עֲזוּבָה, פַּסּוּ יִשְׁעִי וְתִקְוָתִי!

הָלְכָה וְאֵינֶנָּה נֹשֵׂאת כֶּתֶר כָּמוֹנִי
וְעִמָּהּ יָרְדוּ קֶבֶר כָּל־שָׂשׂוֹן וְתוֹחֶלֶת;
שֹׂרֵק מִכֶּרֶם יְהוּדָה גָּדַעְתִּי בַּחֲרוֹנִי
אַךְ לְמַעֲנִי הִבְשִׁיל עֵנָב, פָּרַח כַּחֲבַצֶּלֶת.
בִּי הָאָשָׁם — גַּם־לִי תֹּפֶת וָשַׁחַת,
לִבִּי, לִבִּי מָעוֹן אֶל־מָוֶת וּמְשַׁכֶּלֶת . . .
כִּגְמוּל יָדַי הוּשַׁב לִי — יְקוֹד אֵשׁ קֹדַחַת,
אֵשׁ לֹא־תִכְבֶּה נֶצַח, עֲדֵי־עַד אֹכֶלֶת!

XX.

ON THE DAY OF THE DESTRUCTION OF JERUSALEM BY TITUS.

FROM the last hill that looks on thy once holy dome
I beheld thee, o Sion! when render'd to Rome:
'T was thy last sun went down, and the flames of thy fall
Flash'd back on the last glance I gave to thy wall.

I look'd for thy temple, I look'd for my home,
And forgot for a moment my bondage to come;
I beheld but the death-fire that fed on thy fane,
And the fast-fetter'd hands that made vengeance in vain.

On many an eve, the high spot whence I gazed
Had reflected the last beam of day as it blazed;
While I stood on the height, and beheld the decline
Of the rays from the mountain that shone on thy shrine.

And now on that mountain I stood on that day,
But I mark'd not the twilight beam melting away;
Oh! would that the lightning had glared in its stead,
And the thunderbolt burst on the conqueror's head!

But the Gods of the Pagan shall never profane
The shrine where Jehovah disdain'd not to reign;
And scatter'd and scorn'd as thy people may be,
Our worship, oh Father! is only for thee.

XX.

בְּיוֹם הֲרִיסוּת יְרוּשָׁלַיִם עַל־יְדֵי טִיטוּס.

מִן־הַגִּבְעָה הָאַחֲרוֹנָה מוּל הֵיכַל תִּפְאָרָה
נִשְׁקַפְתִּי עָלַיִךְ, צִיּוֹן, יוֹם יַד־רוֹמָא גָבָרָה,
שִׁמְשֵׁךְ הָאַחֲרוֹנָה בָּאָה — וְלַהֲבוֹת מִשְׁכְּנוֹתַיִךְ
כִּפְגֹשׁוּ עִם־מַבָּטִי הָאַחֲרוֹן עַל־פְּנֵי חוֹמוֹתַיִךְ.

תַּרְתִּי אֶת־מְקוֹם הַמִּקְדָּשׁ, בִּקַּשְׁתִּי נְוֵה מִשְׁכָּנִי
כִּמְעַט רֶגַע נָשִׁיתִי כִּי עֶבֶד עוֹלָם אָנִי —
וָאַחַז אַךְ מוֹקְדֵי שְׁאוֹל שָׁם אַרְמְנוֹת יַחֲרִימוּ
וָאֶזְעַק יָדַי אֶל־נִקְמַת לִבִּי מַחְסוֹם יָשִׂימוּ.

בַּעֲרֹב הַיּוֹם עַל־הַפִּסְגָּה נִצַּבְתִּי לֹא־אַחַת
לַבִּיט בַּהֲרִיקָה מֵעָלֶיהָ קַוֵּי שֶׁמֶשׁ בֹּרַחַת,
וּבְעָמְדִי עַל־מְרוֹם קָצָהּ חָזִיתִי מִגָּבוֹהַּ
בִּנְטוֹת קַרְנֵי הַזָּהָב עַל־מִקְדְּשֵׁי אֱלוֹהַּ.

נִצָּב עַל־גִּבְעָה זֹאת בְּיוֹם פִּיד, עֶבְרָה וָזַעַם
אוֹר עַרְבַּיִם זֶה לֹא עוֹד אֶרְאֶה הַפָּעַם . . .
הָהּ, לוּ תַחְתָּיו עַתָּה בָּרָק מִמְּרוֹמִים יִתְרוֹצֵץ
וְרַעַם מִתְחוֹלֵל קָדְקֹד עָרִיץ יְרַעֵץ וִיפֹצֵץ!

אֶפֶס גִּלּוּלֵי הַגּוֹיִם אַל נֶצַח יְחַלְּלוּ
מָעוֹן בָּחַר לוֹ יָהּ, שֵׁם קָדְשׁוֹ שָׁם הִלְּלוּ;
מְפֻזָּר וּמְפֹרָד, בָּזוּי וּמְנֹאָץ אִם־יְהִי עַמֵּךְ
אַךְ לָךְ אֵל אֶחָד נַעֲבֹד, לְבַד בָּךְ נַזְכִּיר שְׁמֵךְ!

XXI.

BY THE RIVERS OF BABYLON WE SATE DOWN AND WEPT.

WE sate down and wept by the waters
    Of Babel, and thought of the day
When our foe, in the hue of his slaughters,
    Made Salem's high places his prey;
And ye, oh her desolate daughters!
    Were scatter'd all weeping away.

While sadly we gazed on the river
    Which roll'd on in freedom below,
They demanded the song; but, oh never
    That triumph the stranger shall know!
May this right hand be wither'd for ever,
    Ere it string our high harp for the foe!

On the willow that harp is suspended,
    Oh Salem! its sound should be free;
And the hour when thy glories were ended
    But left me that token of thee:
And ne'er shall its soft tones be blended
    With the voice of the spoiler by me!

XXII.

THE DESTRUCTION OF SENNACHERIB.

THE Assyrian came down like the wolf on the fold,
    And his cohorts were gleaming in purple and gold;
And the sheen of their spears was like stars on the sea,
When the blue wave rolls nightly on deep Galilee.

XXI.

עַל־נַהֲרוֹת בָּבֶל.

עַל־נַהֲרוֹת בָּבֶל יָשַׁבְנוּ וַנִּתְיַפֵּחַ
בְּזָכְרֵנוּ יוֹם חֹשֶׁךְ, יוֹם תּוֹכֵחָה וּנְאָצָה,
צָר הֵרִעִים קוֹל עֹז, עָרַךְ זֶבַח וּמַטְבֵּחַ,
נֵאֵר כָּל־מוֹעֲדֵי־אֵל, כָּלָה עָשָׂה נֶחֱרָצָה;
וּבַת־צִיּוֹן הַשְּׁכוּלָה בְּקוֹל נְהִי לֵב פֹּלֵחַ
הִשְׁלִיכָה מִשְׁכָּנָהּ, לִקְצוֹת אֶרֶץ נָפָצָה.

לְמַרְאֵה נַהֲרוֹת אֵיתָן קִנְאָה אָכְלָה לִבֵּנוּ,
חָפְשִׁי יִזְרְמוּ גַלֵּיהֶם, אֵין הֶלֶת וּבְרִיחַ!
אַךְ לָרִיק דִּבְרֵי־שִׁיר שָׁם שְׁאֵלוּנוּ שׁוֹבֵינוּ,
תַּאֲוַת לִבָּם לֹא נִתֵּנוּ, שָׁוְא הִרְבּוּ שִׂיחַ;
יָדֵנוּ תִּיבָשׁ, לָנֶצַח תִּשְׁכַּח יְמִינֵנוּ
אִם־נָעִיר כִּנּוֹר, נֶפֶשׁ זָר אִם־נַשְׂמִיחַ!

צִיּוֹן! שָׁם עַל־עֲרָבִים תָּלִינוּ כִּנֹּרוֹתַיִךְ,
צִלְצְלֵי נְגִינָתָם אַךְ חֹפֶשׁ וּדְרוֹר יִשְׁאָלוּ!
יוֹם חִלֵּל אֵל תִּפְאַרְתֵּךְ, לַשְּׁבִי הִסְגִּיר בָּנַיִךְ
בּוֹ נִשְׁבַּעְנוּ: כָּל־עוֹד צָרִים בָּנוּ יִתְעַלָּלוּ
לֹא יִמָּלֵא שְׂחֹק פִּינוּ וּלְשׁוֹנֵנוּ שִׁירַיִךְ:
שִׁיר־קֹדֶשׁ וּשְׁאוֹן קָמִים נֶצַח לֹא יִתְבּוֹלָלוּ!

XXII.

תְּבוּסַת סַנְחֵרִיב.

כַּכְּפִיר עָלָה אַשּׁוּר, כִּזְאֵב־עֶרֶב עַל־הָעֵדֶר
גְּדוּדָיו עֹטִים אַרְגָּמָן, לְבֻשֵׁי מִכְלוֹל וָהֶדֶר,
חֲנִית וָרֹמַח קַרְנֵי זֹהַר מֵעֲלֵיהֶם יָרִיקוּ, —
בִּרְאִי יַם־הַגָּלִיל כּוֹכְבֵי־לַיִל כֵּן יַבְרִיקוּ.

Like the leaves of the forest when Summer is green,
That host with their banners at sunset were seen:
Like the leaves of the forest when Autumn hath blown,
That host on the morrow lay wither'd and strown.

For the Angel of Death spread his wings on the blast,
And breathed in the face of the foe as he pass'd;
And the eyes of the sleepers wax'd deadly and chill,
And their hearts but once heaved, and for ever grew still!

And there lay the steed with his nostril all wide,
But through it there roll'd not the breath of his pride:
And the foam of his gasping lay white on the turf,
And cold as the spray of the rock-beating surf.

And there lay the rider distorted and pale,
With the dew on his brow, and the rust on his mail,
And the tents were all silent, the banners alone,
The lances unlifted, the trumpet unblown.

And the widows of Ashur are loud in their wail,
And the idols are broke in the temple of Baal;
And the might of the Gentile, unsmote by the sword,
Hath melted like snow in the glance of the Lord!

כֶּהָמוֹן עֲלֵי יְרַקְרַק בַּקַּיִץ עֲצֵי־יַעַר כָּסוּ
רִבְאוֹת דִּגְלֵי צָבָא לִפְנוֹת עֶרֶב הִתְנוֹסָסוּ;
כֶּהָמוֹן עָלִים נֹבְלִים בִּסְתָיו מִסֹּעָה וָסָעַר
נִדְמֶה חֵיל צָר לִפְנוֹת בֹּקֶר מִזָּקֵן וְעַד־נָעַר.

כִּי מַלְאַךְ מַשְׁחִית פָּרַשׂ כְּנָפָיו עַל־רַחֲבֵי־אֶרֶץ
וּמִנְּשָׁמַת אַפּוֹ נָפַח בָּם קֶטֶב וְקֶרֶץ;
עֵינֵי הַזֵּדִים נִרְדָּמִים כַּקֶּרַח אָז נִקְפָּאוּ
נִפְעַם לִבָּם וַיִּתַּר מִמְּקוֹמוֹ — וַיִּגְוָעוּ.

סוּס אַבִּיר נִקְרוֹת נְחִירָיו פְּתוּחוֹת שָׁם יִשְׁתָּרֵעַ
אֶפֶס הוֹד נַחֲרוֹ אֵימָה לֹא עוֹד יִשָּׁמֵעַ;
קֶצֶף פִּיו כְּלָבָן־שֶׁלֶג יַרְוֶה רִגְבֵי עָפָר רִבְצֵהוּ,
קַר כְּקֶצֶף מִשְׁבְּרֵי־יָם עַל־צְחִיחַ סַלְעֵי חֻפֵּהוּ.

שָׁם יוּטַל פָּרָשׁ, פָּנָיו חָוְרוּ, נָמַקָּה לְשׁוֹנוֹ
רְבִיבֵי טַל יָלִינוּ עַל־עַפְעַפָּיו, עַל־סִרְיוֹנוֹ;
הַמּוּמַת־מָוֶת בָּאֳהָלִים, הַדְּגָלִים בָּדָד נִטָּשׁוּ
הָרְמָחִים לֹא יָרֻמּוּ, בַּחֲצֹצְרוֹת לֹא יִתָּקְעוּ.

אַךְ אַלְמְנוֹת אַשּׁוּר מַר תִּצְרַחְנָה, נָעוּ גַּם־נָצוּ
וּבְהֵיכַל בֵּל גִּלּוּלָיו כִּכְלֵי יוֹצֵר נֻפָּצוּ;
עִזּוּז בַּגּוֹיִם נָפַל שֻׁדַּד וּבְאֶפֶס יָדַיִם —
נָמַס כַּדּוֹנַג מִפְּנֵי מַבָּט אֱלֹהֵי הַשָּׁמָיִם!

XXIII.

A SPIRIT PASS'D BEFORE ME.

FROM JOB.

A spirit pass'd before me: I beheld
The face of immortality unveil'd—
Deep sleep came down on every eye save mine —
And there it stood,—all formless—but divine:
Along my bones the creeping flesh did quake;
And as my damp hair stiffen'd, thus it spake:

"Is man more just than God? Is man more pure
Than he who deems even Seraphs insecure?
Creatures of clay—vain ·dwellers in the dust!
The moth survives you, and are ye more just?
Things of a day! you wither ere the night,
Heedless and blind to Wisdom's wasted light!"

XXIII.

חֲזוֹן אֱלִיפַז הַתֵּימָנִי.

עַל־פָּנַי יַחֲלֹף רוּחַ — כְּלַהַט חֶרֶב מִתְהַפֶּכֶת
וּפְנֵי הַנֵּצַח אֶחֱזֶה מִבְּלִי מַסְוֶה וּמַסֶּכֶת;
תַּרְדֵּמָה נָפְלָה עַל־אֲנָשִׁים, אַךְ עֵינַי לֹא סָגַרְתִּי,
מַרְאוֹת אֱלֹהִים לִפְנֵיהֶן, אַךְ כָּל־תְּמוּנָה לֹא הִכַּרְתִּי;
שַׁמָּה הֶחֱזַקְתְנִי, רֶטֶט וַחַלְחָלָה עַל־מָתְנַיִם,
סָמְרוּ שַׂעֲרוֹתַי — וּדְמָמָה וָקוֹל שָׁמְעוּ אָזְנָיִם:

„הֶיִצְדַּק אֱנוֹשׁ מֵאֵל, הֲיִטְהַר גֶּבֶר מֵעֹשֵׂהוּ?
הִרְכּוֹ לֹא יָדְעוּ גַּם־שַׂרְפֵי־קֹדֶשׁ עֹטְרֵי כִסְאֵהוּ,
אַף כִּי שֹׁכְנֵי בָתֵּי־חֹמֶר, לִפְנֵי־עָשׁ יְדַכְּאוּ,
הַאֵלֶּה רָמִים יִשְׁפְּטוּ וּבְבֹר לִבָּם יִתְגָּאוּ?
יִלְדֵי יוֹם, מִבֹּקֶר לָעֶרֶב בַּחַיִּים לֹא יַאֲמִינוּ —
בִּפְנֵי אוֹר חָכְמַת אֱלֹהִים חַיִּים אֵיךְ לַבִּיט יָהִינוּ?!“

CONTENTS.

Invocation 4

I. She walks in beauty 6

II. The harp the monarch minstrel swept 8

III. If that high world 10

IV. The wild gazelle 10

V. Oh! weep for those 12

VI. On Jordans banks 14

VII. Jephtha's daughter 14

VIII. Oh! snatch'd away in beauty's bloom 16

IX. My soul is dark 18

X. I saw thee weep 20

XI. Thy days are done 20

XII. Song of Saul before his last battle 22

XIII. Saul 24

XIV. "All is vanity, saith the Preacher" 26

XV. When coldness wraps this suffering clay 26

XVI. Vision of Belshazzar 30

XVII. Sun of the sleepless! 34

XVIII. Were my bosom as false as thou deem'st it to be . 34

XIX. Herod's lament for Mariamne 36

XX. On the day of the destruction of Jerusalem by Titus . 38

XXI. By the rivers of Babylon we sate down and wept . . 40

XXII. The destruction of Sennacherib 40

XXIII. A Spirit pass'd before me 44

תֹּכֶן הַשִּׁירִים.

	שְׁאֵלָתִי וּבַקָּשָׁתִי	5
I.	שׁוּלַמִּית	7
II.	כִּנּוֹר דָּוִד	9
III.	אַרְצוֹת הַחַיִּים	11
IV.	עַל־אַדְמַת נֵכָר	11
V.	בְּכוּ בָכוֹ לַהֹלֵךְ	15
VI.	עוּרָה אֱלֹהִים צַוֵּה!	15
VII.	בַּת־יִפְתָּח בְּטֶרֶם תָּמוּת	15
VIII.	עַל־יַד הַקֶּבֶר	17
IX.	שָׁאוּל אֶל־הַמְנַגֵּן	19
X.	בְּכִי וּשְׂחוֹק	21
XI.	מוֹת גִּבּוֹרִים	21
XII.	שָׁאוּל בְּצֵאתוֹ לְמִלְחַמְתּוֹ הָאַחֲרוֹנָה	23
XIII.	שָׁאוּל בְּהַעֲלוֹתוֹ אֶת־שְׁמוּאֵל	25
XIV.	הַכֹּל הֶבֶל אָמַר הַקּוֹהֶלֶת	27
XV.	חַיֵּי עוֹלָם	27
XVI.	מַחֲזֵה בֵּלְשַׁאצַּר	31
XVII.	לְנֹגַהּ הַיָּרֵחַ	35
XVIII.	לֶאֱדוֹם	35
XIX.	קִינַת הוֹרְדוֹס בַּהֲרֹג מִרְיָם אִשְׁתּוֹ עַל־פִּיו	37
XX.	בְּיוֹם הֲרִיסוּת יְרוּשָׁלַיִם עַל־יְדֵי טִיטוּס	39
XXI.	עַל־נַהֲרוֹת בָּבֶל	41
XXII.	תְּבוּסַת סַנְחֵרִיב	41
XXIII.	חֲזוֹן אֱלִיפַז הַתֵּימָנִי	45

שִׁירֵי שְׂפַת־עֵבֶר

HEBREW POEMS

(WITH VOWEL POINTS)

OF

DR. S. MANDELKERN

have appeard and are to be had of all booksellers and
also from the author himself (Leipzig, Querstr. 9).

1. vol. (7 sheets, 156 poems) in boards	2,—
2. vol. (7½ sheets, 107 poems) in boards	2,—
Elegantly bound each volume separately	3,—
or both volumes purchased together	5,—

*These poems have been most favorably reviewed by the press
both for their contents and purity of biblical language. They
are also to be recommended to Universities for exercises in
reading Hebrew.*

www.ingramcontent.com/pod-product-compliance
Lightning Source LLC
Chambersburg PA
CBHW021554270326
41931CB00009B/1205